AF338794

INVENTAIRE
19,907

LA LIBERTÉ

DE

L'ENSEIGNEMENT CHRÉTIEN

PAR

M. L'abbé DEMANGE

Licencié ès-lettres

NANCY

TYPOGRAPHIE G. CRÉPIN-LEBLOND

14, Grand'Rue (Ville-Vieille)

—

1879.

LA LIBERTÉ

DE

L'ENSEIGNEMENT CHRÉTIEN

LA LIBERTÉ

DE

L'ENSEIGNEMENT CHRÉTIEN

PAR

M. L'ABBÉ DEMANGE

Licencié ès-lettres

NANCY

TYPOGRAPHIE G. CRÉPIN-LEBLOND

14, Grand'Rue (Ville-Vieille)

—

1879.

[illegible]

[illegible]

[illegible]

Demain, s'ouvrent devant les Chambres françaises les grands débats sur la liberté de l'Enseignement.

Sitôt qu'ont été annoncés les projets de loi contraires à cette liberté sainte, la France catholique s'est émue. Les Évêques se sont levés, avec eux le Clergé tout entier. Près de deux millions de pères et de mères de famille ont adressé à MM. les Sénateurs et Députés d'éloquentes protestations. Les organes de la publicité, chaque jour encore, examinent sous ses divers aspects cette question si grave. Congrégations, Universités, Écoles libres attendent, frémissantes. L'anxiété partout est vive.

Français, fils de cette noble Lorraine où la liberté les lettres, l'enseignement, la foi, ont reçu toujours un généreux appui, voué depuis déjà quinze ans à l'éducation de la jeunesse, prêtre enfin, ne puis-je jeter un cri du cœur ?

Ce cri, je le pousse, bien qu'on nous déclare, nous prêtres séculiers, à l'abri des menaces. Je m'en tiens à l'honneur, au respect du droit et des services rendus, à la religion, au bon sens. Dans l'armée de Jésus-Christ, surtout à l'heure du péril, tous ne font qu'un cœur et qu'une âme.

Ce cri encore, peu l'entendront. Il n'appartient, en effet, qu'à des voix plus puissantes et plus autorisées de se faire écouter au loin. Toutefois, j'ose dire que ces pages, discrètement présentées à des personnes éminentes de Nancy, Lille, Paris, et publiées dans le Contemporain, ont reçu un accueil dont je demeure profondément touché.

Faible ou fort, l'homme lutte : à Dieu de fixer la victoire. Aussi bien nous servons la France, l'Église, la jeunesse, la liberté, les âmes, Dieu. Ce sont-là de trop belles causes pour en désespérer jamais.

Vous du moins, familles chrétiennes, qui savez l'intérêt que nous inspirent ces chers enfants, espoir et joie de vos foyers, puissiez-vous agréer cet hommage comme une preuve nouvelle de notre dévouement !

Nancy, 2 juin 1879.

Euntes, docete omnes gentes.

« Allez, enseignez toutes les nations. »

(Math. XXVIII. 19.)

N'était-ce point assez que notre chère France
Depuis neuf ans déjà s'abreuvât de souffrance,
Et fallait-il encore à tant d'affreux malheurs
Ajouter sans pitié de nouvelles douleurs!
Le peuple a soif de paix, et l'on souffle la guerre!
Le temps n'est plus qu'on vienne épouvanter la terre,
Mais que de sages lois d'ordre et de liberté
Nous rendent les beaux jours de la prospérité,
Qù'on reçoive du baume, et non point des blessures,
Que la foi se confie à des promesses sûres,
Qu'on apprenne à s'unir, et par un prompt retour
De l'Europe, du monde à regagner l'amour.
Et voilà que sans honte un imprudent ministre,
Ramenant parmi nous un régime sinistre,

S'en va, par un projet des méchants applaudi,
Semer l'effroi, la haine, et du nord au midi
Provoque à nos foyers de longs cris de détresse,
De l'Eglise et du Christ offense la tendresse,
Rêve enfin d'accomplir, par les mains de l'Etat,
Contre des cœurs français le plus noir attentat!

Que d'erreurs, que de maux ce dessein accumule!
De Sparte en ses excès être aujourd'hui l'émule,
Reprendre le chemin qu'ont tracé les tyrans,
Nous faire reculer de près de trois mille ans,
Du plus grand de ses droits dépouiller la famille,
Découronner ces fronts où la majesté brille,
Défendre que le père, armé d'un saint pouvoir
S'acquitte envers ses fils d'un suprême devoir,
Quelle poursuite aveugle, ou quelle folle audace,
Et quel crime déjà qu'une telle menace!
Mon foyer est un temple, et vous l'envahissez!
Mes fils sont mon trésor, et vous le ravissez!
Que parlez-vous de choix si ma sollicitude
N'a droit qu'à préférer la moindre servitude?
Où ma tête se courbe, ai-je encore le choix?
Pour le sang de mon sang l'on récuse ma voix!

Ah ! le malheur du siècle explique trop mes craintes,
Ce cher fils, arraché de ses écoles saintes,
S'il entendait vanter tout le mal que je hais,
S'il voyait blasphémer tout le bien que je fais,
Ou qu'il reçût en mains la coupe détestée,
Que le donnant chrétien, je le retrouve athée,
Qu'aux larmes d'une mère il oppose un front dur,
Et qu'en démon le vice ait changé l'ange pur,
Comprenez-vous en moi quelle douleur amère !
Ou vous tremblez d'horreur, ou vous n'êtes point père !
Nous vous laissons vos fils, à vous libres-penseurs,
Laissez à nos enfants nos prêtres et nos sœurs !
S'il ne sort que du bien de deux ardeurs rivales,
Qu'on leur donne un champ libre et des armes égales.
On est d'autant plus fort, plus on se montre grand
Et c'est à ciel ouvert que combat un cœur franc.
Qui veut être loyal et qui se prétend juste
N'a garde de dresser tous ces lits de Procuste.
Quelque abîme entre nous qu'ait pu mettre la foi,
Le même sang à tous nous fait la même loi.
Ce qu'on accorde aux uns, le faut-il prendre aux autres?
Vous voulez nos respects ; nous demandons les vôtres.
Quel crime avons-nous fait? Prouvez-nous scélérats,
Et qu'alors le pays nous traite en parias !

Mais si votre vertu ne peut vaincre la nôtre,
Si le bien nulle part n'a de plus ferme apôtre,
Si tout ce dévouement, les soins, l'or, si le sang,
Nous l'offrons comme vous, si même au premier rang
Pour aimer, pour mourir, car c'est là leur devise,
Partout se sont montrés les enfants de l'Eglise,
Pourquoi les frappez-vous?

                 Nos vœux vous font horreur!
Vous n'en connaissez pas l'incomparable honneur,
Vous n'en sauriez goûter et la force et le charme!
Se peut-il qu'un soldat jette sa meilleure arme?
Instruit à se dompter, à ne plus rien haïr,
Le moine a Dieu pour maître, et ne sait qu'obéir.
Que son silence est saint! Quel rempart que sa Règle!
Eh! sur les monts aussi s'abritent les nids d'aigle!
A d'autres le souci de grossir un trésor,
A lui de prendre aux cieux un naturel essor.
Sur le pauvre à deux mains il verse la richesse;
A la seule vertu son zèle s'intéresse;
Il ignore l'hymen, l'autel est son foyer;
Mais qui renonce à tout s'appartient tout entier.
Qu'il est grand, qu'il est beau, le cœur des hommes chastes!
Quel firmament tranquille et quels horizons vastes!

~ 5 ~

Incorruptible source où comme en un miroir,
Dieu lui-même toujours prend plaisir à se voir !
Nul ne lui vient en pleurs reprocher sa fatigue ;
Ce qu'un seul obtiendrait, à mille il le prodigue !
Loin qu'un tel vœu l'étouffe, un cœur libre, un cœur pur
Trouve un plus fort élan, garde un amour plus sûr.
O divines ardeurs, virginales tendresses,
O contre-poids heureux des humaines faiblesses !
Sodome appellerait un déluge de feu,
Mais de Sion l'encens est monté jusqu'à Dieu.
Où peut fleurir encor la vertu monastique,
Il en sort des parfums jusqu'au toit domestique :
Quels cœurs impunément en resteraient témoins ?
Qui fait le plus, enseigne à pratiquer le moins.
Pour qui le juge à l'œuvre et pour qui le contemple,
Le moine est un miracle et sa force un exemple.

Et des blasphémateurs s'en viendraient triomphants
Grand Dieu ! de telles mains arracher les enfants !
Puis encor cette guerre à notre âme meurtrie,
Ils la font, disent-ils, pour sauver la patrie !
O France, ô mon pays, nous ne t'aimerions pas !
Pour d'autres que pour toi nous ferions des soldats !

On ne nous verrait plus compatir à tes peines,
Ni pour ta cause offrir tout le sang de nos veines !
Mais quoi ! Ce sang toujours n'a-t-il pas été tien ?
Plus prompt il a jailli, plus il coulait chrétien !
Partout où tu souffris, la terre en est trempée.
Est-il donc loin ce temps, où pleurant ton épée,
Pleurant ta gloire, hélas ! nos fils de tout côté,
S'élancèrent pour vaincre et mourir à Patay ?
Oui, ce temps est-il loin où notre pauvre France
Perdait son or, ses fils, la gloire et l'espérance ;
Quand nul peuple, nul roi dans leur orgueil jaloux
N'osaient des combattants adoucir le courroux,
Et que le Pape seul, de notre antique race
Devant Dieu, qui peut tout, sollicitait la grâce ;
Comme si chaque coup l'eût atteint droit au cœur,
S'efforçait d'arrêter le glaive au bras vainqueur ;
Faisait luire l'espoir jusqu'au fond de l'abîme,
Et quel que fût le sort, ou quel que fût le crime,
Se souvenant du Christ, des Charles, des Pepin,
Saluait pour la France encore un long destin ?
Oubliez-vous enfin que notre Dieu lui-même,
Donnait à son pays une tendresse extrême ?
S'il inspire nos cœurs, si nous suivons ses pas,
Non, la patrie en nous n'a point de renégats.

Nous cherchons son bonheur, nous admirons sa gloire ;
Nul ne trouble sa paix. Court-elle à la victoire,
Tandis que de leur corps les uns font un rempart,
Les autres au péril ont une belle part,
Et ces prêtres, ces sœurs, au fort de la bataille
Relevant votre enfant broyé sous la mitraille,
Et lui montrant la croix pour qu'il meure en martyr,
Recueillent, vous absent, son suprême soupir !
A ceux-là vous donnez des leçons d'héroïsme !
Vous parlez de courage et de patriotisme !
Qui donc a mis Paris tout à sang, tout à feu,
Rempli d'effroi la France, et même encore un peu,
Eût fait aux assassins, aux verseurs de pétrole
Au retour de l'exil monter le Capitole ?
Oui, de justes rigueurs qu'un entier abandon
A de grands criminels accorde le pardon :
La clémence ose tout, et le Dieu qui châtie
Fut d'Adam jusqu'à nous le Dieu de l'amnistie.
Mais du moins faudrait-il à l'heure où les bourreaux
Vont des martyrs peut-être insulter les tombeaux,
Epargner cet outrage aux frères des victimes,
Et souffrir la vertu lorsqu'on fait grâce aux crimes !
Ah ! gardez pour vous seuls le nom de factieux,
Ne nous ravissez point nos titres glorieux ;

Le pays, nous l'aimons ! Citoyens, nous le sommes !
Tout ce qui reste grand, beau, saint parmi les hommes,
Chacun de nous l'honore, et l'univers nous voit,
Et tant que le bien donne un invincible droit,
Tant que bat un cœur juste, il faut qu'on nous respecte !

Du prêtre à vos dédains la science est suspecte ?
O d'un aveugle orgueil éternel préjugé !
Mais quel siècle vous montre un ignorant clergé ?
L'histoire en main, parlez. Est-il à l'origine
Ce peu de vrai savoir que la haine imagine ?
Lorsque l'Antiquité descendait au tombeau,
Des lettres et des arts qui garda le flambeau ?
Au vieux monde englouti sous le flot des Barbares
De la science alors qui ralluma les phares ?
Tandis que vous donnez à ce qui ne vit plus
De stériles regrets et des pleurs superflus,
Eh ! ne voyez-vous pas surgir mille génies
Dont le nom nous défend contre vos calomnies,
Nos docteurs, nos martyrs laisser loin vos héros,
Athènes de son Pnix oublier les échos ;
Comme à l'éclat des jours s'effacent les fantômes,
Vos Cicérons pâlir devant nos Chrysostômes,

Et l'univers ravi, dans l'évêque Augustin,
Saluer un Platon, mais un Platon divin?
C'était peu de monter jusqu'à l'Aréopage.
Nous fîmes mieux. Durant ce *sombre* moyen-âge,
Quand tout luttait en proie à des peuples géants,
Ces géants à nos pieds se couchèrent enfants;
Au bruit des chants sacrés, c'est nous qui les berçâmes;
En leurs corps tout de fer nous avons mis des âmes!
Lions cruels, par nous ils devinrent agneaux;
La Gaule se remplit de prodiges nouveaux,
Le feu sacré partout vit ranimer sa flamme,
Et des âges anciens se renoua la trame.
Parce qu'aux cœurs plus forts coulait un sang plus pur,
Pour de plus grands esprits le sol se trouva mûr.
Etaient-ils des mortels, ces fils de l'Evangile,
Ou des Anges voilés sous une chair fragile,
Pour contempler ainsi l'âme et Dieu... de si près?
D'Aristote à Thomas, quel merveilleux progrès,
Quelle foi, quel amour! D'un sublime coup d'aile,
Le génie atteignant la science éternelle,
Put plonger où nos yeux demeurent éblouis.
Ce siècle eut un beau nom, ton nom, ô saint Louis!
Il en parut un autre, encor si plein de gloire,
Qu'il occupe à jamais les sommets de l'histoire,

Qu'aucun temps n'en a vu de plus fier, de plus grand,
Et qu'enfin il nous vaut partout le premier rang,
Eh bien, ce siècle d'or, des lettres la merveille,
Que charmait Lafontaine, où Racine, où Corneille,
Rendirent après eux le théâtre muet,
Où méditait Pascal, où parla Bossuet,
Quels furent, répondez, ses premiers, ses seuls maîtres ?
Ces gens par vous honnis, des moines et des prêtres !
C'était peu même encore. O bienfait inouï,
L'homme des champs, le pauvre en son espoir trahi,
L'ouvrier, l'orphelin, plus faible qu'eux, la femme,
Le vil peuple, en un mot comme s'il fût sans âme,
Trente siècles l'avaient accablé de mépris :
Nous l'avons relevé, nos bras, nos cœurs l'ont pris.
« Cher peuple, » avons-nous dit, « soyez ce que nous
[sommes,
« Souffrez qu'on vous instruise, et devenez des hommes ! »
Et sur l'appel du Dieu qu'adore notre amour,
Le moine rassembla les enfants d'alentour ;
Penché sur eux, l'évêque, au sein des capitales,
Leur donna pour abri l'ombre des Cathédrales,
Et chaque âge amenant un miracle nouveau,
Jusqu'au plus humble bourg, jusqu'au dernier hameau,
Le dernier des enfants, au cloître, au presbytère,
Trouva, pour embrasser sa profonde misère,

Toute une légion d'anges, d'hommes de cœur :
Il put dire « Mon frère ! », il put nommer « Ma sœur ! »
Ah ! de la vieille Europe, au moins de notre France
Si le savoir partout a chassé l'ignorance,
A qui le devez-vous ?

     Laissons les temps passés,
Tant de gloire vous pèse, et vous vous en lassez.
Soit, vive le progrès, vive l'âge moderne !
Qu'un souffle rajeuni le meuve et le gouverne !
Mais ce souffle, est-ce que nous ne l'avons pas, nous?
Nous manque-t-il l'esprit, et n'est-il que pour vous ?
Ou ne savons-nous plus ressusciter la flamme
Que la science appelle et que le siècle acclame ?
Quoi ! ne voyez-vous pas cent mille jeunes gens
Unis entre eux, purs, fiers, doux héros de vingt ans,
Conquérir par nos mains ces palmes de l'étude
Objet de tant de vœux, de tant d'inquiétude,
Puis par nous soutenus, d'un grand cœur, d'un seul bond,
De qui les hait bravant le regard furibond,
S'élancer, parvenir à toutes les carrières ?
Moins heureux, verrions-nous ces indignes barrières ?

Non, non, vos yeux jaloux ont compté nos succès,
Et selon vous, poussant son audace à l'excès,
Des élèves chrétiens la trop nombreuse armée
A pris un trop beau rang et trop de renommée !
Qui mieux que nous encor résiste au tourbillon ?
Quelque part que la gloire ait ouvert un sillon,
Ou quelque vérité que le siècle ait conquise,
Ne sommes-nous point là ! Méchants, à votre guise,
Frappez, condamnez-nous, riez, soyez ingrats ;
Au nom de votre honneur, au moins ne mentez pas !
Que de savants chrétiens ! Le plus grand astronome,
En nos jours, qu'était-il ? Un Jésuite de Rome.
L'Europe applaudissait les Guizot, les Thierry :
Gorini les réfute, Ozanam a souri.
Barreau, tribune ont-ils éclipsé notre chaire ?
Berryer est à nous ; montrez un Lacordaire !
Vous nommez l'Institut, et nous l'Episcopat !
Quel deuil ici m'assiège ? Ah ! si le grand prélat
Que l'Eglise, la France ont couvert de leurs larmes,
Pouvait dans ce combat reprendre encore les armes,
O sainte liberté, quel triomphe, quel coup !
Que de lauriers, de pleurs tu dois à Dupanloup !
Il me semble du fond de sa tombe encor fraîche
Le voir en ce péril s'élancer sur la brèche,

Et redire partout d'une éloquente voix
Tes devoirs à toi, France, à vous, chrétiens, vos droits !
Si fort que soit l'athlète et si grand qu'on le nomme,
Il peut tomber : Dieu seul est nécessaire à l'homme.
Son œil veille sur nous, il nous reste son bras :
Que craindront-ils, ô Dieu, ceux que tu défendras ?

En de pompeux discours l'on vante l'homme libre :
« — Plutôt nous arracher, oui, la dernière fibre,
« Que d'admettre un esclave, un seul en l'univers ! »
Et quand vous le jurez, vos mains forgent des fers !
De quel nom saluer cette liberté rare
Qui prend tout, détruit tout, et mensonge barbare !
Etouffant nos regrets sous les cris du plus fort
Nomme paix le désert où vient planer la mort ?

« L'Etat », dites-vous, « règne et se doit à lui-même
« D'instruire ses sujets selon la loi qu'il aime. »
Devra-t-il à son gré frapper des innocents,
Méconnaître l'histoire, affliger le bon sens ?
D'ambitieux flatteurs le proclament seul maître :
Eh ! famille, âme, Dieu n'ont plus de droits peut-être ?

Que l'Etat veille à tout, qu'il gouverne les corps ;
Mais usurper les cœurs, l'ose-t-il sans remords ?
Oui, le bien public veut qu'il exerce un contrôle.
Qui le nie à l'Etat ? S'il le faut, c'est son rôle ;
Ce rôle, à le remplir, exige assez de soin,
La limite est sacrée, et n'allez pas plus loin.
Ou bien n'hésitez plus, achevez votre ouvrage,
Du vieil Etat païen recommencez l'outrage,
Sparte encore une fois vous offre ses leçons.
S'il naissent contrefaits, tuez les nourrissons,
Sous votre pied broyez tout un peuple d'ilotes,
Assouvissez sans fin vos caprices despotes.
Ah ! devant ces forfaits vous reculez d'horreur !
Votre projet perfide en est l'avant-coureur.

Ce nom d'Etat, à quoi voulez-vous qu'il réponde ?
L'Etat, est-ce vous seul ? C'est moi, c'est tout le monde.
Faites, faites appel à l'unanimité :
L'eussiez-vous, rien ne vaut contre la vérité.
Mais ici, grâce à Dieu, vous n'en avez que l'ombre,
Et le droit avec lui pourra compter le nombre.
Il verra se lever la France d'autrefois,
La France des docteurs, des évêques, des rois,

Lorsque libres partout, et dès l'heure première
Tant d'Universités jetaient tant de lumière !
Il verra se lever la France d'aujourd'hui
Prête à venger sa gloire et son plus ferme appui,
Avec un tel passé se refusant à rompre,
Et de honte écrasant qui la voudrait corrompre !
Il verra se lever la France de demain,
Protestant contre vous aux yeux du genre humain.
Quant à vous, je vous plains ! Un pouvoir, s'il opprime,
Est bien près de la fosse où le jette son crime !
Non, pour justifier un si lâche attentat,
N'invoquez plus, de grâce, une raison d'Etat.
C'est de tous les tyrans la ressource suprême,
Ce fut de Julien l'infâme stratagème.
Combien il siérait mieux d'avouer que l'Etat,
Selon vous, pour grandir, se doit faire apostat !
Que sert de vous cacher sous un masque hypocrite ?
Dieu, voilà l'ennemi ! Son règne vous irrite,
Et pour anéantir ce règne détesté,
Sans fin ni trève — osez nier la vérité ! —
De l'école à l'ouvroir, de l'asile au collége,
Sur les âmes portant une main sacrilége,
On vous voit devancer l'œuvre de l'Antechrist,
Débaptiser ces fronts qu'avait signés le Christ,

De ses bienfaits partout voiler le témoignage,
Interdire son nom, abolir son image,
Et blasphémant ses droits, le chassant de tout lieu,
De cœurs prêts à l'aimer détrôner ce grand Dieu !
Voilà votre dessein, vous n'en avez point d'autre,
Satan est votre chef, et sa rage la vôtre.
Mais de ce que l'enfer le condamne à haïr,
Avec lui contre Dieu pensez-vous réussir ?
Ce que n'ont pu jamais le génie ou le glaive,
Prétendez-vous qu'enfin votre ruse l'achève ?
Tout l'adore, ce Dieu, lui seul gouverne tout,
Six mille ans ont passé qui le laissent debout !
Et vous rêvez d'éteindre en nos cœurs sa mémoire,
Entre ses mains la foudre et sur son front la gloire !

Pardonnez-leur, ô Verbe, ô Dieu devenu chair !
Dans la profonde nuit faites briller l'éclair !
Montrez votre soleil au-dessus de leurs têtes !
Savent-ils ce qu'ils font, savent-ils qui vous êtes ?
Ah ! s'ils connaissaient mieux votre ineffable amour,
S'ils savaient que, comme eux, vous fûtes homme un jour,
Qu'en leur faveur, vos mains ont semé les miracles,
Vos lèvres prononcé d'infaillibles oracles,

Et que pour couronner, par un digne trépas,
Une vie où le bien signalait tous vos pas,
Vous daignâtes choisir le dernier des supplices,
S'ils savaient de la croix adorer les justices,
Voir qu'enfin cette mort, prodige souverain
Renouvelle la vie au cœur du genre humain,
Ils n'auraient, à genoux devant votre clémence,
Jamais à tant d'orgueil uni tant de démence !
Bien qu'Absaloms, Seigneur, ils demeurent vos fils,
Au nom de votre amour, qu'ils ne soient pas maudits !
Bien que persécuteurs, ils demeurent nos frères,
N'écoutez pas contre eux la voix de nos misères !
Mais plutôt que, rangés par vous sous votre loi,
Ils vous chantent encor l'hymne de notre foi !

Qu'il est grand, qu'il est bon, le seul Dieu qu'il faut croire !
De son règne éternel incomparable gloire !
En n'importe quel siècle, à toute heure, en tout lieu,
Du plus puissant désir l'Humanité veut Dieu.
S'il a son trône au ciel, le monde est son domaine ;
Il a d'un sceau divin marqué toute âme humaine.
Il n'abdique jamais : demain, hier, aujourd'hui,
Les peuples n'ont qu'un maître, et ce maître, c'est lui !

Où manque sa vertu, ce n'est plus qu'un fantôme,
Ou quelque blanc sépulcre ou quelque vil atôme !
De lui descend tout don, de lui vient tout pouvoir ;
A qui souffre il envoie un immortel espoir.
A chaque coin du globe il députe un apôtre ;
L'apôtre va, meurt, prie, et le monde est tout autre,
Et depuis deux mille ans, à l'univers entier,
Dieu lègue des martyrs, l'apôtre un héritier,
Et comme le soleil jette à flots sa lumière
L'Eglise au nom du Christ, illumine la terre.

Magistère sublime, enseignement vainqueur !
Heureux qui lui soumet l'empire de son cœur !
Heureux l'esprit tranquille où sa vérité règne !
Heureux les peuples saints que sa doctrine imprègne !
Ils ne ressemblent point à ces infortunés
En un gouffre d'erreurs à périr condamnés.
Au fort de la tempête ils auront un refuge.
Mais qui le fuit pour roi le subira pour juge,
Et voici que l'impie, en un affreux retour,
Pleure éternellement ses triomphes d'un jour !

Puissent la vérité, le droit et l'innocence,
Jetant partout des cris de suprême éloquence,
Dans ses cruels desseins vaincre l'impiété !
Hélas ! reverrons-nous le joug d'iniquité ?
Dieu le sait ! Paris, Lille, Angers, Lyon, Toulouse,
Vous dont l'éclat provoque une haine jalouse,
Encor que votre cause ait autant de soutiens,
Qu'il se compte partout de Français, de chrétiens,
Il se peut qu'un moment la liberté succombe.
Avant que de vos fronts le diadème tombe,
Permettez à mon cœur, ô vaillantes cités,
De saluer encor vos Universités !
Ce n'est point une mort ni quelque adieu suprême.
Quand l'or a ruisselé, quand le pays vous aime,
Quand l'arbre, en un beau sol par Dieu même planté,
Voit déjà tout un peuple à son ombre abrité,
La tempête sur lui peut exercer sa rage :
De plus heureux printemps lui rendront son feuillage !
Et vous, Collèges saints, où tant d'adolescents
Exhalent le parfum de leurs cœurs innocents,
Et vous, filles du ciel, Ecoles populaires,
Plus l'enfer vous poursuit, plus vous êtes prospères,
Gloire à vous ! Ne craignez ni labeurs ni combats !
Puisque Dieu vous choisit pour être ses soldats.

L'œil fixé sur ce Dieu, d'un front haut, d'un cœur ferme,
Pardelà le chemin envisageant le terme,
Marchez jusqu'au grand jour de cette liberté
Qui ne connaît plus d'ombre en son Eternité !

www.ingramcontent.com/pod-product-compliance
Lightning Source LLC
Chambersburg PA
CBHW071429030726
47594CB00006B/2648